BEI GRIN MACHT SICH IHR WISSEN BEZAHLT

- Wir veröffentlichen Ihre Hausarbeit, Bachelor- und Masterarbeit
- Ihr eigenes eBook und Buch - weltweit in allen wichtigen Shops
- Verdienen Sie an jedem Verkauf

Jetzt bei www.GRIN.com hochladen und kostenlos publizieren

Bibliografische Information der Deutschen Nationalbibliothek:

Die Deutsche Bibliothek verzeichnet diese Publikation in der Deutschen National-bibliografie; detaillierte bibliografische Daten sind im Internet über http://dnb.d-nb.de/ abrufbar.

Dieses Werk sowie alle darin enthaltenen einzelnen Beiträge und Abbildungen sind urheberrechtlich geschützt. Jede Verwertung, die nicht ausdrücklich vom Urheberrechtsschutz zugelassen ist, bedarf der vorherigen Zustimmung des Verlages. Das gilt insbesondere für Vervielfältigungen, Bearbeitungen, Übersetzungen, Mikroverfilmungen, Auswertungen durch Datenbanken und für die Einspeicherung und Verarbeitung in elektronische Systeme. Alle Rechte, auch die des auszugsweisen Nachdrucks, der fotomechanischen Wiedergabe (einschließlich Mikrokopie) sowie der Auswertung durch Datenbanken oder ähnliche Einrichtungen, vorbehalten.

Impressum:

Copyright © 2017 GRIN Verlag
Druck und Bindung: Books on Demand GmbH, Norderstedt Germany
ISBN: 9783668830196

Dieses Buch bei GRIN:

https://www.grin.com/document/447074

Lisa Schmidt

Verkaufsorganisation, Kundenorientierung, Teams, Motivation, Führung und Controlling eines Fitnessstudios

GRIN Verlag

GRIN - Your knowledge has value

Der GRIN Verlag publiziert seit 1998 wissenschaftliche Arbeiten von Studenten, Hochschullehrern und anderen Akademikern als eBook und gedrucktes Buch. Die Verlagswebsite www.grin.com ist die ideale Plattform zur Veröffentlichung von Hausarbeiten, Abschlussarbeiten, wissenschaftlichen Aufsätzen, Dissertationen und Fachbüchern.

Besuchen Sie uns im Internet:

http://www.grin.com/

http://www.facebook.com/grincom

http://www.twitter.com/grin_com

Deutsche Hochschule für
Prävention und Gesundheitsmanagement
Hermann Neuberger Sportschule 3
66123 Saarbrücken

Einsendeaufgabe

Fachmodul: Verkaufsmanagement

Studiengang: Fitnessökonomie

Datum Präsenzphase: 20.09.-22.09.2017

Name, Vorname: Schmidt, Lisa

Studienort: Stuttgart

Semester: WS 16/17

Inhaltsverzeichnis

1 VERKAUFSORGANISATION 3

    1.1 Verkaufsprozess im Ausbildungsbetrieb 3

    1.2 Vergleich mit den 13 Stufen des Verkaufs 4

    1.3 Verkaufsprozessoptimierung 5

2 KUNDENORIENTIERUNG 5

    2.1 Konzept der Selbstkonkordanz- Transformation der Modi 5

    2.2 Kundenbindung 6

    2.3 Zusatzverkäufe 7

3 TEAMS, MOTIVATION & FÜHRUNG 8

    3.1 Teamentwicklung 8

    3.2 Motivation 8

    3.3 Führung 9

4 CONTROLLING 10

    4.1 Kennzahlen im Vertrieb 10

    4.2 Fluktuationsqoute 11

5 LITERATURVERZEICHNIS 12

6 ABBILDUNGS- UND TABELLENVERZEICHNIS 12

    6.1 Abbildungsverzeichnis 12

    6.2 Tabellenverzeichnis 12

1 Verkaufsorganisation

Tab. 1: Einordnung des Ausbildungsbetriebes

Name und Standort der Anlage:	Körperformen Echterdingen
	Klassifizierung/ Einordnung
Anlagenstruktur:	Gemischtes Studio
Größe der Anlage:	<300 qm
Preisstruktur der Anlage:	60,00€ bis 89,99€
Kernleistung:	Verkauf von Mitgliedschaften

1.1 Verkaufsprozess im Ausbildungsbetrieb

1.Stufe- Die Vorbereitung: Ein Tag vor einem Probetraining werden abends alle Vorbereitungen für den nächsten Tag getroffen. Eine „persönliche Trainingskarte" wird mit dem Namen, der Telefonnummer und allen vorhandenen Informationen beschrieben. Am Gerät von miha-bodytech wird eine Chipkarte, auf der alle für das EMS-Training notwendigen Daten gespeichert werden, mit Namen und Geschlecht beschrieben. Beides zusammen wird auf ein Klemmbrett geheftet, welches vor dem Beratungstermin in die Beratungsecke gelegt wird. Vor dem Beratungstermin werden Getränke vorbereitet und der Berater stellt sich soweit über die vorhandenen Informationen mental auf den Interessenten ein.

2.Stufe- Die Begrüßung/Kontaktaufnahme: Sobald der Interessent das Studio betritt, geht der Berater dem Interessenten entgegen und stellt sich mit seinem vollen Namen vor. Hierbei lächelt der Berater und ist freundlich und zuvorkommend, nimmt ggf. die Jacke ab und bittet den Interessenten sich zu setzen.

3.Stufe- Der Aufbau einer persönlichen Beziehung: Zu Beginn des Gesprächs wird dem Interessenten zu trinken angeboten und offene Fragen gestellt wie beispielsweise „Haben Sie gut zu uns gefunden?" oder ob der Interessent unsere Parkplätze gefunden hat. Dem Interessenten wird nun ein kurzer Überblick über das gegeben, was ihn erwartet.

4.Stufe- Die Bedarfsanalyse: Zu Beginn der Bedarfsanalyse wird gefragt, was der Interessent bereits über EMS-Training weiß, um einen geeigneten Einstieg für Fragen zu finden. Eventuell ist der Interessent gut informiert und beginnt direkt ohne weiteres Nachfragen über Wünsche und Bedürfnisse zu sprechen. Anderen Falls bekommt der Interessent einen kleinen Überblick über das Thema EMS-Training. Während des Gesprächs wird mit Fragetechniken versucht so viel wie möglich über den Interessenten herauszufinden in Bezug auf Hobbies, Familie, Trainingsziele oder Erwartungen an unser Training. All diese Informationen werden auf der persönlichen Trainingskarte vom Berater notiert. Hierbei werden die Redeanteile von Interessent und Berater beachtet und eine Einwandvorbehandlung durchgeführt. Gegen Ende der Bedarfsanalyse wird der Interessent nach bestehenden Fragen zum weiteren Ablauf bzw. zum EMS-Training gefragt und ggf. beantwortet. Als letztes werden dem Interessenten mögliche Kontraindikatoren, die gegen das Training sprechen könnten, aufgezeigt, welche der Interessent schriftlich bestätigt.

5.Stufe- Das Probetraining: Nach durchgeführter Bedarfsanalyse wird ein auf die Ziele des Interessenten abgestimmtes Probetraining durchgeführt. Während des Trainings wird der Interessent gefragt, ob er sich vorstellen kann, dass er mit dem Training seine Ziele erreicht. Hierdurch wird eine positive Vorbestätigung erzielt.

6.Stufe- Die Angebotspräsentation: Nach dem Probetraining setzen sich Interessent und Berater erneut zusammen. Der Berater beschreibt die Merkmale der verschiedenen Möglichkeiten einer Mitgliedschaft inklusive deren Preisgestaltung. Der wöchentliche Beitrag und das Startpaket werden in einem vorgestellt. Anschließend wird eine Empfehlung für eine Möglichkeit ausgesprochen und gefragt für welche was sich der Interessent entscheiden will.

7.Stufe- Der Abschluss: Entscheidet sich der Interessent für eine Möglichkeit, so wird die Mitgliedschaft vom Berater ausgefüllt während dieser dem Interessenten sein Vorgehen erläutert. Nach der schriftlichen Bestätigung durch den Interessenten wird das Mitglied willkommen geheißen und der Durchschlag der Mitgliedschaft ausgehändigt. Ein Termin für die erste Trainingseinheit wird vereinbart und das neue Mitglied anschließend verabschiedet.

1.2 Vergleich mit den 13 Stufen des Verkaufs

Tab. 2: Die 13 Stufen des Verkaufs im Vergleich mit meinem Ausbildungsbetrieb

Die 13 Stufen des Verkaufs	Der Verkauf in meinem Betrieb
1. Vorbereitungsstufe	Stimmt überein, da sowohl organisatorisch als auch individuelle Vorbereitungsmaßnahmen getroffen werden.
2. Kontaktaufnahme	Stimmt überein, da Mimik, Gestik, Körperhaltung und eine freundliche Begrüßung stattfinden.
3. Aufbau einer persönlichen Beziehung	Stimmt überein, da durch offene, informative Fragen Sympathie und Vertrauen aufgebaut wird.
4. Bedarfsanalyse	Stimmt überein, da sowohl bewusste als auch unbewusste Bedürfnisse aufgedeckt werden, Fragetechniken angewandt werden, Notizen gemacht werden und eine Einwandvorbehandlung stattfindet.
5. Angebotspräsentation	Stimmt überein, da dem Interessenten verschiedene Möglichkeiten einer Mitgliedschaft und deren Merkmale beschrieben wird.
6. Angebots- und Bestätigungsstufe	Stimmt nicht überein, da keine Bestätigungs- oder Suggestivfragen gestellt werden.
7. Grundsatzentscheidung	Stimmt nicht überein, da nicht nach positiver Grundsatzentscheidung ge-

	fragt wird.
8. Preispräsentation für die Mitgliedschaft	Stimmt überein, da verschiedene Preisgestaltungen aufgezeigt werden, jedoch schon in der Stufe der Angebotspräsentation.
9. Das „Ja" zur Mitgliedschaft	Stimmt überein, wird jedoch nicht als eigene Stufe gesehen, sondern fließt beim Aussprechen einer Empfehlung für eine Mitgliedschaftsmöglichkeit mit ein.
10. Preispräsentation für das Startpaket	Stimmt überein, da das Startpaket zusammen mit der Preispräsentation für eine Mitgliedschaft stattfindet.
11. Vorabschluss	Stimmt nicht überein, da wir weder Meinungsfragen noch provisorische Abschlussfragen stellen.
12. Mitgliedschaft	Stimmt überein, da bei einem Abschluss der Berater die Mitgliedschaft ausfüllt und sein Vorgehen erläutert.
13. After-Sales-Betreuung	Stimmt überein, da direkt nach der Mitgliedschaft ein Termin für das erste Training vereinbart wird.

1.3 Verkaufsprozessoptimierung

Um den Verkaufsprozess zu optimieren ist es notwendig, dass so viele Beratungstermine erscheinen wie nur möglich. Um die Terminerscheinungsquote zu erhöhen wäre ein Anruf zur Terminvorbestätigung sinnvoll, denn dies erhöht zum einen die Hemmschwelle für den Interessenten nicht zu erscheinen oder dient als Gedankenstütze, falls der Termin tatsächlich in Vergessenheit geraten ist. Da das Vertrauen des Interessenten in den Berater eine wichtige Rolle im Verkaufsprozess spielt ist es wichtig, dass der Interessent schon bei der Begrüßung erfährt in welcher Position der Berater tätig ist und was seine Aufgaben sind. Durch dieses Wissen über den anderen fühlt sich der Interessent sicherer und besser informiert.

2 Kundenorientierung

2.1 Konzept der Selbstkonkordanz- Transformation der Modi

Mitglieder, die sich im externalen Modus befinden sind extrinsisch motiviert. Sie betätigen sich nur sportlich, weil die Krankenkasse beispielsweise durch Beitragsrückerstattungen Kurse subventioniert. Diese Mitglieder sind nicht intrinsisch motiviert. Eine Möglichkeit, um diese Mitglieder in den introjizierten Modus zu bringen wäre es die Barrieren für Anfänger so niedrig wie möglich zu halten. Hierfür sind Einsteigerprogramme geeignet, damit die Mitglieder integriert werden. Eine weitere Möglichkeit besteht darin Termine für Trainingseinheiten auszumachen, in denen der Trainer dem Trainierenden weitere Informationen für seine Zielerreichung gibt.
Im introjizierten Modus trainieren die Mitglieder weiterhin ohne intrinsische Motivation, sondern weil es eine außenstehende Person gesagt hat. Das Bewusstsein darüber, dass man etwas machen sollte ist jedoch vorhanden. Um hier in den identifizierten Mo-

dus zu gelangen sind Infoveranstaltungen über bestimmte gesundheitliche Themen eine Möglichkeit, um das Bewusstsein und die innere Motivation der Mitglieder zu erweitern. Außerdem kann man den Trainierenden während der Trainingseinheit begleiten, um auf die gesteckten Ziele aufmerksam zu machen und um ihm das Gefühl von Zugehörigkeit und Vertrauen zu geben.

Im intrinsischen Modus hat das Mitglied keine extrinsische Motivation mehr, sondern Sport wird getrieben, um Spaß zu haben und ohne ein explizites Ziel zu erreichen. Um diesen Modus herbeizuführen, sollte der Trainer das Mitglied für das bisher Geleistete loben, um die Motivation aufrecht zu erhalten. Ebenso wäre es möglich neue Trainingspläne gemeinsam mit dem Mitglied zu erstellen, damit man für Abwechslung und neue Anreize sorgt und somit der Spaß am Training im Vordergrund steht.

2.2 Kundenbindung

1. Trainingsziele klar formulieren: Ziele müssen konkret und handlungswirksam formuliert sein, damit der Trainierende sie erreichen kann. Nur mit richtig ausformulierten Zielen weiß der Trainierende was er zu tun hat, um bestimmte Ziele zu erreichen. Eine Formulierungsorientierung bietet hierbei die SMART-Formel (Voss, 2006, S. 71).
2. Trainingsziele überprüfen: Das Erreichen oder Nicht-Erreichen von Trainingszielen sollte in regelmäßigen Abständen geprüft werden, damit das Mitglied das Gefühl vermittelt bekommt, dass sich jemand um ihn kümmert und Trainingspläne sollten in Zuge dessen angepasst werden, um neue Reize zu setzen und für mehr Motivation zu sorgen.
3. VIP-Gutscheine: Dem bereits eine bestimmte Zeit trainierenden Mitglied VIP-Gutscheine schenken, die einen Freund dazu berechtigen mehrere gemeinsame Trainings durchzuführen. Dies sorgt für mehr Spaß beim Training.
4. In Gruppentrainings/Kurse einbinden: Es ist sinnvoll dem Mitglied den ersten Schritt in eine Gruppe zu erleichtern, damit es sich traut dort teilzunehmen. Durch die Gruppendynamik und das Finden von Gleichgesinnten resultiert meist Spaß und hieraus auch eine höhere Motivation.
5. Preise für Challenges ausschreiben: Die Motivation wird oftmals durch Belohnung angetrieben. Eine Challenge zu veranstalten, bei der beispielsweise die Person, die am meisten Klimmzüge schafft, etwas gewinnen kann, spornt die Mit-

glieder an sich zu verbessern und gibt ihnen das Gefühl von Spaß, was in ihrer Freizeit sehr wichtig ist.

2.3 Zusatzverkäufe

Mein Unternehmen erzielt momentan Zusatzeinkünfte durch Proteinriegel, Entspannungsprogramme und Körperfettmessungen. Der Proteinriegelverkauf findet bei uns an der Theke statt, um den Mitgliedern die Möglichkeit zu geben sich nach dem Training auf eine schnelle Art mit ausreichend Proteinen zu versorgen. Die Entspannungsprogramme gehören in den Trainingsbereich. Hierbei wird an unseren miha-bodytec Geräten ein spezielles Programm eingeschalten, welches zur Entspannung der Muskulatur dient. Dieses Zusatzprogramm können sich die Mitglieder zusätzlich zu ihrer wöchentlichen Trainingseinheit kaufen. Die Körperfettmessungen findet bei uns in einem extra Raum statt. Die Mitglieder können hierbei ihre Erfolge im Laufe des Trainings sichtbar machen, indem wir ihren Muskel- und Körperfettanteil bestimmen und verfolgen wie sich dieser verändert.

Neuartige Möglichkeiten für weitere Zusatzverkäufe wären das Anbieten von Massagen, Ernährungsberatung und der Verkauf von Pulsuhren. Das Anbieten von Massagen wäre optimal für gestresste Mitglieder, die häufig durch ihren Job nicht zur Ruhe kommen können und muskulär verspannt sind. Hierbei würden sie außer psychische Ruhe und Entspannung auch die körperliche Regeneration fördern, welche für das Erreichen ihrer Ziele notwendig ist. Die Ernährungsberatung wäre speziell für Mitglieder, deren Ziel es ist abzunehmen. Hierbei wäre der Vorteil für den Trainierenden, dass man das bestmögliche Ergebnis aus EMS-Training und darauf abgestimmter Ernährung erzielen kann. Der Verkauf von Pulsuhren soll dem Mitglied während der Trainingseinheit und auch außerhalb unseres Studios zur Kontrolle der Herzfrequenzzonen helfen, um das Training ggf. anpassen zu können und somit bestmögliche Ergebnisse zu erzielen. Der Verkauf der Puls Uhr wäre für jedermann geeignet, der ein bestimmtes kardiologisches Trainingsziel verfolgt oder abnehmen möchte.

3 Teams, Motivation & Führung

3.1 Teamentwicklung

1. Forming: Hierbei kann der Teamleiter eine Vorstellungsrunde veranlassen, da dies dazu beiträgt, dass sich die Gruppenmitglieder nicht mehr unbekannt sind und um Kontakte zwischen einander zu ermöglichen. Ebenfalls sollte der Teamleiter durch Anweisungen Strukturen innerhalb des Teams schaffen, damit jedes Mitglied seinen Platz findet und Regeln entstehen können.
2. Storming: Der Teamleiter übernimmt die Rolle des Streitschlichters, indem er aufkommende Konflikte zu lösen versucht. Hierbei führt er den Mitgliedern die Ziele des Teams erneut vor Augen und gilt als helfende Hand.
3. Norming: Der Teamleiter übernimmt eine Funktion als Berater, wenn es um Fragen der Gruppenstruktur geht, beginnt sich jedoch mehr aus der Gruppe zu lösen. Er behält jedoch seine Funktion als Aufseher, damit die Regeln weiterhin eingehalten werden.
4. Performing: Hierbei zieht sich der Teamleiter nahezu komplett aus der Gruppe heraus. Er kontrolliert in regelmäßigen Abständen, ob das Gruppenziel weiterhin verfolgt wird und greif ggf. korrigierend ein. Außerdem ist er immer erreichbar, offen und bereit für Fragen.

Der Teamleiter ist in der Storming-Phase besonders gefordert, da es hier vermehrt zu unterschwelligen Konflikten und Konfrontationen zwischen mehreren Personen kommen kann, welche gelöst werden müssen. Hierbei geht erstmals eine Cliquenbildung hervor, welche ein mühsames Vorankommen fördert, was erneut Potential für Konflikte liefert. Die Storming-Phase ist eine sehr emotional geprägte Phase, da sich die Gruppe langsam vom Teamleiter löst, jedoch noch abhängig ist, was viel Arbeit für den Teamleiter bedeutet.

3.2 Motivation

Dass Gruppenprovision die beste Möglichkeit ist die Mitarbeiter in der Fitnessbranche dauerhaft zu motivieren gilt zu hinterfragen, da die Motivation einzelner Mitarbeiter extrem sinken kann, wenn sich andere Mitarbeiter die vergleichsmäßig weniger leisten in der Gruppe verstecken und die Anerkennung für gute Leistungen einzelner ausbleibt. Hierbei ist keine direkte Belohnung für besonders gute und kein Verbesserungsvorschlag für besonders negative Leistungen möglich. Betrachtet man die Mitarbeiter jedoch als Team und nicht jeden Mitarbeiter für sich, kann eine Gruppenprovision die Teamarbeit fördern, da gemeinsam versucht wird bestmögliche Ergebnisse zu erzielen. Hierbei ist jeder noch so kleine Beitrag für das Große und Ganze von hoher Wichtigkeit und auch die schwächeren Mitarbeiter im Bereich Verkauf können ihren Teil zur Gruppenprovision leisten. Ob dieses Modell jedoch fair ist bleibt in Frage gestellt. Bekommt jeder Mitarbeiter eine anteilig gleiche Provisionsauszahlung kann es unter den Mitarbeitern zu Spannungen kommen, da nicht jeder Mitarbeiter gleich lang oder gleich oft arbeitet wie ein anderer. Hierbei sollte man berücksichtigen, dass Aushilfen weniger Stunden pro Woche im Studio zur Gruppenprovision beitragen, als ein Festangestellter, dieser jedoch gleich viel Provision für verhältnismäßig weniger Arbeit bekommt. Aus diesem Grund sehe ich die Gruppenprovision nicht als beste Möglichkeit alle Mitarbeiter motiviert zu behalten, sondern würde eine Kombiprovision empfehlen, welche sowohl Gruppen- als auch Einzelleistungen berücksichtigt.

3.3 Führung

1.Fallbeispiel: Es handelt sich um den direktiver Stil, denn dies ist ein sehr aufgabenorientierter und autoritärer Stil. Die Aufgabenorientierung wird daraus deutlich, dass im Fallbeispiel mehrfach erwähnt wird, dass es exakte Anweisungen bis ins kleinste Detail gäbe, es exakte Vorgaben gäbe und mehrfach Kontrollgänge vorgenommen würden.
2.Fallbeispiel: Es handelt sich um den affiliativen Stil, denn dieser Stil ist personenorientiert und es enorm wichtig, dass die Harmonie und Wertschätzung unter den Mitarbeitern nicht zu kurz kommt. Dies wird im Fallbeispiel deutlich, denn es wird unter anderem gesagt, dass es wichtig sei, dass sich jeder im Team wohlfühlt und sich frei entfalten könne.

4 Controlling

4.1 Kennzahlen im Vertrieb

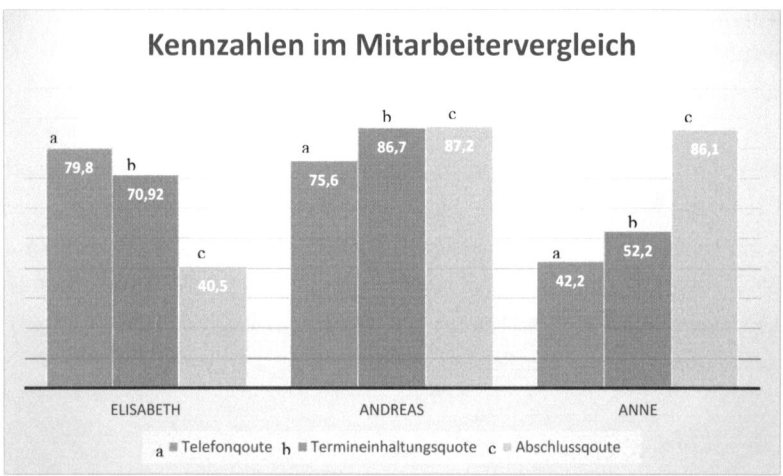

Abb. 1: Kennzahlen im Mitarbeitervergleich

Tab. 3: Rechenweg Kennzahlen

	Elisabeth	Andreas	Anne
Quartalszahl durchgeführte Beratungen	(62+58+60) /3=180	(85+76+74) /3=78,3	(41+40+43) /3=41,3
Quartalszahl Abschlüsse	(29+22+22) /3=24,3	(73+67+65) /3=68,3	(35+36+36) /3=35,6
Quartalszahl Telefonanrufe	(115+103+100) /3=106	(112+126+120) /3=119,3	(196+182+183) /3=187
Quartalszahl vereinbarte Beratungstermine	(91+84+79) /3=84,6	(89+96+86) /3=90,3	(71+82+84) /3=79
Telefonqoute	(84,6/106) *100=79,8%	(90,3/119,3) *100=75,6%	(79/187) *100=42,2%
Termineinhaltungsquote	(60/84,6) *100=70,92%	(78,3/90,3) *100=86,7%	(41/79) *100=52,2%
Abschlussqoute	(24,3/60) *100=40,5%	(68,3/78,3) *100=87,2%	(35,6/41,3) *100=86,1%

Wie aus der Grafik deutlich erkennbar wird hat Elisabeth im Vergleich zu Andreas und Anne eine relativ niedrige Abschlussquote, jedoch die höchste Telefonqoute. Verhältnismäßig sehr gut schneidet Andreas mit der Termineinhaltungsquote und der Abschlussquote ab. Anne hat ebenso eine sehr gute Abschlussquote, jedoch eine niedrige Telefonqoute. Um den Betrieb in den nächsten sechs Monaten zu verbessern, wäre es aufgrund der sehr niedrigen Telefonqoute von Anne, die bei 42,2% liegt sinnvoll bei einer Telefonschulung anzumelden. Außerdem könnte man ein Verkaufs- bzw. Abschluss-Coaching machen, damit sich auch Elisabeths Telefonqoute von 40,5% erhöht.

4.2 Fluktuationsqoute

Die Fluktuationsquote wird wie folgt berechnet:

(Anzahl der Abgänge/durchschnittlicher Mitgliederbestand) *100= Fluktuationsquote

Der Mitgliederbestand von Dezember des Vorjahres bis Dezember zusammengerechnet ergibt 50291 Mitglieder und durchschnittlich 3869 Mitglieder. Es gab 846 Abgänge.

(846/3869) *100= 21,86% (22%)

Die **Fluktuationsquote** beträgt also **22%**.

Bei einer Änderung der Fluktuationsquote um 5% ergibt sich daraus eine neue Fluktuationsquote von 16,86% (17%).

(X/3869) *100= 17

X= 17*38,69

= 657,73 (658)

22% entspricht 846 Mitgliedern und 17% entspricht 658 Mitgliedern.

846-658= 188 Mitglieder

Jedes Mitglied bezahlt 50€ netto pro Monat. *188*50€= 9.400€ pro Monat*

Auf das ganze Jahr gesehen rechnet man die *9.400€*12* Monate woraus sich ein **Jahresmehrumsatz von 112.800€** ergibt.

5 Literaturverzeichnis

Voss (2006). *Studienbrief Verkaufsmanagement* (Rev. 17.021.000). Saarbrücken: Deutsche Hochschule für Prävention und Gesundheitsmanagement.

6 Abbildungs- und Tabellenverzeichnis

6.1 Abbildungsverzeichnis

Abb. 1: Kennzahlen im Mitarbeitervergleich 10

6.2 Tabellenverzeichnis

Tab. 1: Einordnung des Ausbildungsbetriebes 3
Tab. 2: Die 13 Stufen des Verkaufs im Vergleich mit meinem Ausbildungsbetrieb 4
Tab. 3: Rechenweg Kennzahlen 10

BEI GRIN MACHT SICH IHR WISSEN BEZAHLT

- Wir veröffentlichen Ihre Hausarbeit, Bachelor- und Masterarbeit

- Ihr eigenes eBook und Buch - weltweit in allen wichtigen Shops

- Verdienen Sie an jedem Verkauf

Jetzt bei www.GRIN.com hochladen und kostenlos publizieren